ADULT COLORING BOOK

SLOW THE F*CK DOWN

SWEARING SLOTHS

Copyright 2020

Slow The Fuck Down 2020

I'm FUCKING FABULOUS ok?
STUPID BASTARDS
YOU LITTLE SHIT
WHAT A JERK
SO FUCKED UP
ZERO FUCKS GIVEN
BITCH PLEASE
GTFO PLS
OH, FUCK THIS SHIT

Slow The Fuck Down 2020

COLOR TEST PAGE

Slow The Fuck Down 2020

FUCK
MY LIFE

Slow The Fuck Down 2020

FUCK
MY LIFE

Slow The Fuck Down 2020

WHAT A
PRICK

Slow The Fuck Down 2020

WHAT A
PRICK

Slow The Fuck Down 2020

GO TO HELL

GO TO HELL

DUMBASS

Slow The Fuck Down 2020

DUMBASS

Slow The Fuck Down 2020

WANKER

Slow The Fuck Down 2020

WANKER

Slow The Fuck Down 2020

Aren't you an asshole?

Slow The Fuck Down 2020

Aren't you an
asshole?

Slow The Fuck Down 2020

Go
Fuck
Yourself

Slow The Fuck Down 2020

Go
Fuck
Yourself

Slow The Fuck Down 2020

PISS OFF

Slow The Fuck Down 2020

PISS OFF

Slow The Fuck Down 2020

I'LL GET YOU, BITCH

I'LL GET YOU, BITCH

Slow The Fuck Down 2020

I'm
FUCKING
FABULOUS
ok?

Slow The Fuck Down 2020

I'm
FUCKING
FABULOUS
ok?

STUPID
BASTARDS

Slow The Fuck Down 2020

STUPID
BASTARDS

Slow The Fuck Down 2020

YOU
LITTLE
SHIT

Slow The Fuck Down 2020

YOU
LITTLE
SHIT

Slow The Fuck Down 2020

WHAT
A JERK

Slow The Fuck Down 2020

WHAT
A JERK

Slow The Fuck Down 2020

SO FUCKED UP

SO FUCKED UP

Slow The Fuck Down 2020

ZERO
FUCKS GIVEN

Slow The Fuck Down 2020

ZERO
FUCKS GIVEN

Slow The Fuck Down 2020

BITCH
PLEASE

Slow The Fuck Down 2020

BITCH
PLEASE

Slow The Fuck Down 2020

GTFO
PLS

GTFO
PLS

Slow The Fuck Down 2020

Slow The Fuck Down 2020

TELL ME
MORE ABOUT
YOUR SHIT

Slow The Fuck Down 2020

TELL ME
MORE ABOUT
YOUR SHIT

Slow The Fuck Down 2020

OH, FUCK
THIS SHIT

Slow The Fuck Down 2020

OH, FUCK
THIS SHIT

Slow The Fuck Down 2020